철학적 운문

철학적 운문

소흥렬 지음

이화여자대학교출판부

머리말

철학자는 시를 쓸 수 없는가?

철학자인 시인도 있고, 시인인 철학자도 있다. 이런 사람에게는 문제가 되지도 않는 것이지만 나에게는 지금도 이것이 고민이다.

시를 쓸 수 있는 정서가 메말라간다는 것을 처음 의식하기 시작한 것은 대학원 시절이었다. 소위 '분석 철학'을 본격적으로 공부하기 시작한 때였다. 의미를 명확하게 하기 위해 개념을 분석하고, 논리를 정확하게 하기 위해 철저하게 따지는 철학이었다. 정서적인 것이 개입될 여지를 두지 않는 '전투적인' 철학이었다.

분석 철학자로서 살아남았으므로 유학에서 돌아와 분석 철학을 강의하면서 여전히 나에게는 정서적인 여유가 없는 사유 세계만 허용되었다. 이러한 분석 철학의 '감옥'으로부터 나 자신을 자유롭게 해야겠다는 생각이 들기 시작한 것은 겨우 10여 년 전의 일인 것 같다. 대학에서의 철학 강의를 30여 년 지속해 온 이후의 일이었다.

철학이 분석 철학에 머물러서는 안되겠다는 생각과 함께 철학적인 글도 아름다울 수 있어야 한다는 생각을 하기 시작한 것이었다.

그런 의식을 하면서 충격을 받은 것은 나 자신의 표현 능력이 이미 분석 철학적 한계를 벗어날 수 없게 되었다는 자각 때문이었다. 나는 이것이 미국에서 대학 생활을 한 탓이라고 믿는다. 우리말을 쓰지 않은 대학 교육이 우리말과 글에 대한 감수성과 표현 능력을 제한하게 되었다는 생각이다.

철학적 과제를 꼭 논문 형식으로만 쓰지 않고 수필 형식으로 쓰거나 단편 소설 형식 또는 기행문 형식으로 써도 좋고, 대화 형식은 물론 희곡 형식이나 산문시의 형식으로 써도 좋다고 하면서 학생들의 글에서 또 한번 충격을 받았다. 나로서는 도저히 불가능한 표현이었다. 대학 교육의 과정에서 우리말과 우리글을 쓰지 못한 것이 나에게는 돌이킬 수 없는 손상이 되어 버린 것이었다.

그때부터 나는 시를 쓰고 싶은 충동을 강하게 느꼈다. 고등 학교 시절에는 산문보다 시를 더 잘 썼다. 그런데 내가 쓴 시를 시문학하는 후배들에게 보여주면 틀림없이 "이게 무슨 시입니까? 철학이지!" 라는 핀잔을 듣게 된다. 그래서 '시' 가 아닌 '철학적 운문' (philosophiccal verses)을 쓴다고 하기로 했다.

"철학자는 시를 쓸 수 없는가?" 이것은 나의 화두이자, 시를 쓰고 싶어하는 나의 희망을 나타낸다. 시를 쓸 수 없게 된 나의 절망감을 드러내기도 한다. 시가 아니어도 좋다. 철학적 운문으로 좋다. 철학적 운문으로 표현하고 싶은 정서가 요구하면 서슴지 않고 그렇게 써 본다. 최근 몇 년 동안은 더욱 강하게 그런 요구를 느껴 왔다.

여기 모은 철학적 운문은 그런 나의 표현이다. 내 영혼의 표현이라고 할 수 있다. 그냥 '철학적 운문'으로 나누어 읽고 싶은 생각이 들어 세상에 내놓게 된 것이다.

2005년 9월 3일

老盤 소흥렬

서시 · 등불은 왜 꺼졌나

기다리는 임은 오지 않았는 데
등불은 왜 꺼졌나……

폭풍우치는 어둠 속에서도
임은
오직 등불로 찾아오련만
기다리는 임은 오지 않았는데
불은 왜 꺼졌나……

등불 없는 나를 버리고
임은 빛을 따라가실 것을
이 한밤에
옥합은 메말라 울고 있는데
한 방울인들
어디서 기름을 얻어 오리……

가까운 임의 음성
포성 속에 들리건만
내 마음에
등불은 왜 꺼졌나……

『계성』 제9호(1952년), 당시 고1

차례

III · 하느님의 뜻은 다른 데 있어

IV · 아름다움의 의무

V · 모든 것이 역사인데

VI · 낙엽

VII · 흐르는 것에는 리듬이 있다

VIII · 마음의 여유

IX · 다 비우고 다 버리고

X · 아름다움으로

I

나는

나는

나는 멈출 수 없는 사람이다
생각이 멈추어 주지 않으므로

나는 아플 수 없는 사람이다
해야 할 일이 남아 있으므로

나는 절망할 수 없는 사람이다
언제나 가능성이 내다보이므로

나는 가해할 수 없는 사람이다
상처의 아픔을 알고 있으므로

나는 패배할 수 없는 사람이다
선의 편에서 싸워야 하므로

나는 거룩할 수 없는 사람이다
철학자의 길을 걷고 있으므로

철학자의 길

철학자의 길은
끊임없이 정진하는
수도자의 길과 같고
창작을 멈추지 못하는
예술가의 길과 같다
철학적 사유를 멈출 수 없는
철학자의 길이다
비트겐슈타인에게는
60세까지의 길이었고
소크라테스에게는
70세까지의 길이었고
붓다에게는
80세까지의 길이었고
러셀에게는
90세까지의 길이었다
철학적 사유가 멈추지 않는 한
치열하게 정직하게
생각을 이어 가는 길이다

철학의 영토

철학에는 영토가 없다
이 세상 아무것도 소유할 수 없다

철학은 떠도는 구름이다
굳어지면 떨어지는 자유로운 구름이다

철학은 마음의 나그네다
이 마음 저 마음에 머물렀다 지나간다

철학은 영혼으로 산다
영혼이 돌아가는 저 세상을 다시 가서 산다

철학은 바람으로 온다
이 산 저 산 넘어와서 세상 소식 전해 준다

철학은 빛으로 남는다
어두움이 두려울 때 빛이 되어 지켜 준다

철학의 맛

철학은 과학과 다르다
보편적 진리를 탐구하고 전하는
필수적인 과학과는 다르다
철학이 없이도 과학을 할 수 있으나
과학의 기초가 없이는 과학을 할 수 없다
과학이 없이는 경쟁에 참여할 수가 없다

철학은 종교와 다르다
누구나 종교를 필요로 하기 때문에
많은 사람들이 모여서 교단을 만든다
믿음이 필요하기 때문에 불합리한 것도
우선 믿음으로써 이해하고자 한다
비판적이어야 하는 철학과는 다르다

철학은 예술과 다르다
예술은 대중화되면서도 그 본래의
예술성을 지켜갈 수 있다
대중화되지 않은 순수 예술도

그 자리를 지킬 수 있게 도움을 받는다
고고하게 자기의 성을 지키는 철학과는 다르다

철학은 과학처럼 기술화될 수 없다
철학은 종교처럼 교단화될 수 없다
철학은 예술처럼 대중화될 수 없다
철학의 맛은 좋은 술의 맛과 같다
마셔 보고서 그 깊은 맛을 알게 된다
맛을 아는 사람이 찾는 귀한 술과 같다

기술 철학과 예술 철학

기술 축구가 있고
예술 축구가 있듯이
기술 철학이 있고
예술 철학이 있다

기술 축구로 만족할 수 없는
관중의 요청이 있듯이
기술 철학으로 만족할 수 없는
청중의 요청이 있다

기술 철학에만 안주하여
청중을 잃어버린
우리 철학의 소생은
예술 철학에 있다

지혜로 성숙하고
미덕으로 실천하여
숭고함을 지향하는
예술 철학에 있다

정서의 논리

철학자라는 직업 때문에
잠시라도 흐트러질 수 없는
이성의 논리로 하루 종일
긴장하고 나면
저녁 때 집으로 와서는
정서의 논리로 바꾸어
마음을 쉬고 싶다
음악에 취하여 정서에 취하여
마음껏 울고 싶다
이성의 논리를 쉬고 싶다
음악의 정서를 따라
그냥 흘러가고 싶다

철학의 인상

철학이 얼마나
철저하고
얼마나 엄밀하고
얼마나 심오하고
얼마나 거창하고
얼마나 심각하고
얼마나
무서운가를
보여주어야 하는데
지금의 우리 철학은
잠자고 있는가
죽어 버렸는가

철학은 어디에

종고 예술 철학은
문화의 동반자로
종교도 살아 있고
예술도 꽃피는데
철학은 어디에서
잠자는가 죽었는가
인식론에 집착하여
과학에 넋을 잃고
방법론에 도취하여
존재론을 잃고 나니
가치론도 자신 없어
종교와는 담을 쌓고
예술과도 소원하여
할 말을 잊었으니
철학을 탓할소냐
철학자를 탓할소냐

역사의 줄기

중요한 역사의 줄기가
한가닥 가냘픈 인연으로
아슬아슬하게
이어질 때가 있다
예술의 역사에도
종교의 역사에도 그렇고
정치의 역사에도
학문의 역사에도 그렇다
강의실에서 만나는
스승과 제자의 인연에도
그런 역사의 줄기가 있으려니
그때마다 긴장하게 한다

씨 뿌리는 마음

혹시라도
좋은 마음밭 만나서
싹이 트고 성장하여
열매 맺을 수 있을까 하여
오늘도
씨 뿌리는 마음으로
좋은 씨앗 준비하고
정성껏 강의한다
혹시라도
다양한 자연 논리에 맞는
인간의 사유 논리에 관심 두고
자연 언어라는 수학 논리를
연역만이 아닌 다양한 비연역으로
확장하여 적용하게 될 때
가장 자연스러운 논리적 사유가
가장 자유로운 마음 허용한다는
진리를 깨닫게 할 수 있을까 하여
모든 종교가 말하는 진리

즉, 진리를 우리가 알면
그 진리가 우리를 자유롭게 한다는
이 말씀을
진리를 가로막을 수 있는
잘못된 논리의 선택 문제로
마음 깊이 새겨 주고자 한다

가르침과 배움

가르쳐서 아인슈타인이 될 수 있었다면
수만 명의 아인슈타인이 나왔어야 한다
가르쳐서 모차르트가 될 수 있었다면
수만 명의 모차르트가 나왔어야 한다
가르쳐서 칸트가 될 수 있었다면
수만 명의 칸트가 나왔어야 한다
가르쳐서 붓다가 될 수 있었다면
수만 명의 붓다가 나왔어야 한다

아인슈타인도 스스로 배워서
위대한 과학자가 되었다
모차르트도 스스로 배워서
위대한 작곡가가 되었다
칸트도 스스로 배워서
위대한 철학자가 되었다
붓다도 스스로 배우고 깨달아서
위대한 붓다가 되었다

가르치는 스승은 같아도
제각기 다르게 배운다
아무리 훌륭한 스승도
누구에게나 좋은 스승이 될 수는 없다
스스로 배울 수 있게 도와주는 스승이
자기에게 맞는 자기 스승이다
단 몇 사람의 자기 스승을 만나면
보람되고 행복한 생애가 된다

스승의 인상

그게 어찌 스승의 인상입니까
권력 지향에 체면도 없어진
비굴한 정치꾼 같은데

그게 어찌 스승의 인상입니까
온갖 속임수 꾀임수로
돈만 밝히는 수전노 같은데

그게 어찌 스승의 인상입니까
폭언과 폭행으로 사람잡는
공포의 폭력배 같은데

그게 어찌 스승의 인상입니까
물고문에 전기 고문으로
취조하는 고문관 같은데

그게 어찌 스승의 인상입니까
남의 속 남의 사정 무시하는

귀하신 왕비님 같은데

그게 어찌 스승의 인상입니까
풀 한 포기 살아남지 않는
메마른 불모지 같은데

II

그래도 웃자

그래도 웃자

작은 일이지만 성취할 수 있어
자신감 되찾을 때는
빙그레 웃자

믿었던 도끼에 발등 찍히는
어처구니없는 일에는
씁쓸히 웃자

아무에게도 말 못한 내심의 고민이
안개 걷히듯 사라질 때는
혼자서 웃자

비방과 중상으로 괴롭히던 사람이
정신 이상자로 밝혀질 때는
말없이 웃자

마침내 우리 역사에 봄이 왔다고
사람들이 웃을 때에는

따라서 웃자

아무 일도 뜻대로 되지 않고
막연하게 불안할 때는
그래도 웃자

죽을 때까지 이 걸음으로

머물 수 없는 곳에
집착 없는 마음이
부질없는 생각들에
걸음을 재촉한다

분노의 칼을 갈고
화해의 집을 짓고
서러움이 북받치면
잊은 듯이 떠나간다

흔적을 남기면서
아쉬움이 쌓이면서
그리움도 정다움도
역사에 묻어 둔다

남은 길도 나 홀로
나대로 걸음으로
흐르는 강물처럼
소리없이 지나간다

뒤돌아보지 말자

뒤돌아보지 말자
내가 해놓은 일들
사람들이 어떻게 평가하는지
궁금해하지 말자
나는 이미 거기에 없지 않은가
이미 그곳을 떠나와서
이만큼 성장해 있지 않은가
전에도 나를 비판하는 소리
나를 멈추어 서게 할 듯
앞을 가로막으려 했지만
나는 멈추지 않았거늘
나는 뒤돌아보지도 않았거늘
오늘도 묵묵히 앞을 보면서
사람들이 뒤에서 하는 소리
듣고도 못 들은 척
뒤돌아보지 말고 가자

지혜

위기를 기회로
고통을 창조로
고독을 사색으로
후퇴를 전략으로
약점을 무기로
복수를 승리로
결국 모든 것은
자신과의 싸움에서
이겨야 한다는
각오와 의지로
저만치 앞서가는
지혜를 배우자

조금만

조금만 참으면
미움도 고움도
추억으로 남을 텐데
죽도록 미워하며
살아갈 이유 없다

세월이 흐르면
서운함도 고마움도
망각 속에 묻힐 텐데
죽도록 섭섭하게
살아갈 이유 없다

시공이 바뀌면
모순도 갈등도
지양으로 변할 텐데
죽도록 집착하며
살아갈 이유 없다

조금만 잊으면
제각기 가는 길로
헤어질 인연인데
죽도록 원수 되어
살아갈 이유 없다

좋은 것 나쁜 것

혼자 사는 사람은
자유롭고 외롭다

둘이 사는 사람은
재미있고 지겹다

셋이 사는 사람은
신기하고 귀찮다

넷이 사는 사람은
든든하고 힘겹다

모든 것이 서로서로
연결된 세상에

좋은 것과 나쁜 것이
따로따로 있으랴

인생에는 연습 게임이 없다

인생의 경기에는 연습 게임이 없다
인생은 스포츠도 컴퓨터 게임도 아니다

인생의 연극에는 연습 공연이 없다
사랑에도 미움에도 연습이 없다

인생의 음악에는 연습 연주가 없다
어제의 연주가 오늘의 연습이고 내일의 약속이다

인생의 영화에는 편집 삭제가 없다
실패도 성공도 그대로 기록된다

인생의 열차에는 도중 하차가 없다
업보의 짐과 희망의 꿈을 싣고 종착역을 달린다

인생의 역사에는 반복 연습이 없다
태어나는 연습도 사라지는 연습도 없다

살아 보는 것

인생은 살아 보는 것
어떻게 살아야 하는 것도
어떻게 죽어야 하는 것도 아닌
자신의 주관대로 살아 보는 것

인생은 살아 보는 것
누구를 따라야 하는 것도
누구를 앞서야 하는 것도 아닌
혼자서 자기대로 살아 보는 것

인생은 살아 보는 것
싫지만 견디어 보는 것도
좋지만 양보해 보는 것도 그냥
내 마음 기분대로 살아 보는 것

인생은 살아 보는 것
실패에 좌절해 보는 것도
성공에 만족해 보는 것도 그냥
세월이 가는 대로 살아 보는 것

잘난 사람 못난 사람

요즈음 세상에는 잘난 사람도 많다
진짜로 잘난 사람이야 할 말이 없지만
자신이 잘났다는 것을 광고하는 세상인지라
과장된 자기 선전을 하고서는 그대로
자기가 잘난 것처럼 믿어 버리는 사람이 많다
학벌을 자랑하고 직장을 선전하고
가문을 내세우고 업적을 과장하면서
스스로 잘난 사람이 되는 못난 사람이다

옛날 그리스의 아테네에도 잘난 사람이 많았다
그 당시 지중해 문명의 중심지였으며
자유 경쟁으로 출세하는 시민 사회였으므로
궤변으로든 과장으로든 잘난 사람이 되고자 했다
"네 자신을 알라" 라고 한 소크라테스의 말은
잘난 아테네 사람들의 자존심을 상하게 하고
자신의 무지함을 깨닫게 하는 자극제였다
무지의 자각이 지혜의 근본이라는 가르침이었다

요즈음 세상에는 못난 사람도 많다
잘난 사람들에게 밀려난 그늘의 사람들이다
경쟁에서 자신감을 상실한 사람들이다
세상이 자기를 버렸다고 팔자를 탓한다
노력에 대한 공정한 대가가 없다고 비관한다
자기 능력의 한계를 느끼면서 자포자기한다
살아갈 의욕을 잃고 스스로 패배자가 된다
못난 사람임을 자인하고 주저앉아 버린다

"네 자신을 알라" 라고 한 소크라테스는
요즈음 세상의 못난 사람에게도 말한다
자신의 능력을 과소평가하지 말라고
어디에 자신의 능력이 있는지를 확인하라고
소크라테스와의 대화는 잘난 사람을 비판하고
못난 사람에게는 자신의 능력을 발견하게 한다
소크라테스의 질문에 독자적인 해답을 구하여
스스로의 능력에 자신감을 갖게 한다

가난의 노예

가난의 노예가 되지 말자
배고픔의 노예가 되면
먹어도 먹어도 먹어도
충만함을 느끼지 못한다
가난의 노예가 되면
부자가 되고도 가난을 느낀다
마음속 가난을 채우지 못하고
온 세상을 다 얻고자 한다

가난을 잊을 수 있을 때
존재의 이유를 알 수 있다
보이지 않는 진리를 탐구하고
현실보다 아름답고
신나는 세계를 그려 보고
명상과 사색에 잠겨 보고
신비로움을 체험하는
존재의 이유를 깨달을 수 있다

잘먹고 잘사는 인생이
존재의 이유라면 차라리
쇼펜하우어의 자살론이 옳다
가난의 노예가 되어
자연을 멍들게 하는 욕심보다
하느님을 닮은 인간이기에
탐구하고 창작하고 사색하고 수행하는
우리 존재의 이유를 자랑하자

고통을 씹자

고통을 피하지 말자
자신을 속이면서
고통을 느끼지 않는 것처럼
태연하지 말자

분개하자
원망하자
증오하자
저주하자

쉽게 용서하지 말자
약해지지 말자
쉽게 초연하지 말자
착해지지 말자

고통을 피하지 말자
고통의 신맛이
단맛이 될 때까지
고통을 씹자

해가 지면

해가 지면
새들은 둥지를 찾아가고
퇴근길 차들이 다투어 떠나는데
정처 없는 마음이 허전해진다

해가 지면
술집엔 사람이 북적대고
한 해를 넘기는 인정이 아쉬운데
기약 없는 인생이 초조해진다

해가 지면
힘없는 정권은 부패하고
불신과 반목에 나라가 병드는데
대책 없는 양심이 우울해진다

해가 지면
천재와 지변이 잦아지고
종말을 고하는 종교가 요란한데
속절없는 세월이 허망해진다

III

하느님의 뜻은 다른 데 있어

하느님의 뜻은 다른 데 있어

불치의 병으로 어린 아들 잃은
어머니의 슬픔
세상을 다 잃은 듯
허망함에 오열하는
어머니의 슬픔도
견디고 나면
하느님의 뜻은 다른 데 있어

불의의 사고로 부모 잃은
어린아이의 고통
대답 없는 엄마를 찾으며
두려움에 울부짖는
아이의 무의미한 고통도
지나고 나면
하느님의 뜻은 다른 데 있어

강한 자의 폭력에 짓밟힌
약한 자의 분노

눈은 눈으로 갚아야 한다는
보복의 살인을 자행할 듯
사무치는 약자의 분노도
이기고 나면
하느님의 뜻은 다른 데 있어

하는 일마다 실패로 끝나고
벼랑에 선 절망
좌절감이 허무감으로
세상 어디에도 몸둘 곳 없는
고독한 절망도
버티고 나면
하느님의 뜻은 다른 데 있어

장애인의 하느님

장애인을 보면
하느님이 미워진다

꿋꿋하게 살아가는
장애인을 보면
하느님의 뜻이 의심스럽다

세상을 놀라게 하는
장애인의 성취를 보면
겸손을 가르쳐 주시는
하느님의 뜻을 이해할 수 있다

하느님의 이름

한 교파에서는

'하나님' 이라고 하는 그 분을

다른 교파에서는

'하느님' 이라 부르면

언짢아하실까

한 종교에서는

'여호와' 라고 부르는데

다른 종교에서는

'알라' 라고 부르면

역겨워 하실까

코끼리를 만져 보는

장님들보다 못한

우리 인간들의 어리석은

이름 싸움을 염려하여

일찍이 노자는

도가도비상도(道可道非常道)라고

말해 두지 않았는가

언어가 다르고

문화가 다른 것은

서로서로를 배워서

커지고 넓어지라는 뜻인데

자기네와 다른 것은

적대시하는 옹졸함이

하느님을 노엽게 하리라

진리

진리를 알지니, 진리가 너희를 자유롭게 하리라
진리를 알지니, 진리가 너희를 솔직하게 하리라
진리를 알지니, 진리가 너희를 정직하게 하리라

진리를 알지니, 진리가 너희를 평화롭게 하리라
진리를 알지니, 진리가 너희를 겸손하게 하리라
진리를 알지니, 진리가 너희를 용서하게 하리라

진리를 알지니, 진리가 너희를 정의롭게 하리라
진리를 알지니, 진리가 너희를 용감하게 하리라
진리를 알지니, 진리가 너희를 고독하게 하리라

진리를 알지니, 진리가 너희를 지혜롭게 하리라
진리를 알지니, 진리가 너희를 절제하게 하리라
진리를 알지니, 진리가 너희를 신중하게 하리라

불교가 철학인 까닭은

불교가 철학인 까닭은

철학적 사유 능력으로

성장하게 하기 때문이다

정진하는 수행의 과정은

모든 것을 포괄하는

보편적 인식의 체험으로

비약할 수 있게 한다

이데아와 형상의 세계로

통하는 생각의 지양을

깨달음으로 체험하게 한다

마음을 비우게 하는

명상을 방편으로 하지만

마음의 평안을 얻기 위해

생각을 없애자는 것이 아니다

더 추상적이고 더 포괄적인

사유로의 향상을 위해

생각을 집중하게 하자는 것이다

이데아와 형상의 세계로 비약하는

깨달음을 체험하게 하면서도

구체적인 일상의 세계로

돌아와 생각할 수 있게 한다

포괄적인 깨달음의 차원과

개체적인 범상의 차원을

자유로이 투과할 수 있게 한다

교학과 참선

모든 것이 의심스러울 뿐이며
꿈도 속임수가 될 수 있으므로
꿈을 갖지 못하게 하는 것이
참선이다

꿈을 갖게 하면서도
더 실현 가능성이 있는 꿈으로
지혜를 더해 가게 하는 것이
교학이다

화두와 선문답

화두는 해답이 없다는 것을 알게 한다
어떤 해답도 의심해 볼 수 있게 한다
어떤 문제에도 의심으로 반응하게 한다
어떤 문제도 문제삼지 않게 한다
모든 것을 의심으로만 인식하게 한다
의심하는 자신도 의심하게 한다
의심의 대상도 의심하게 한다
아무것도 잡히지 않는 의식의 공(空)이 되게 한다

선문답의 질문은 답이 없는 질문이다
선문답의 대답은 질문과 무관한 대답이다
아무것도 대답하려 하지 않는 마음과
아무것도 질문하려 하지 않는 마음이
만나서 서로를 확인하는 선문답이다
왜 서로를 확인하는 관심이 필요할까

질문하는 주체가 없는 의식의 공(空)이 아닌가

질문을 받을 상대가 없는 의식의 공(空)이 아닌가

불심초

가장 정직한 꽃
불심초는
햇볕을 받아
색깔도 변하고
모습도 바뀌는데
기온과 습도에도
몸을 움츠리는
민감한 꽃
사람의 손길을
반가워하고
슬픈 표정으로
기쁜 얼굴로
감정의 변화를
읽어 주는 꽃
불심초는

부처님 마음을

그대로 닮아서

정직한 꽃

아름다운 마음

가신 것이 없어도
여유있는 모습이
욕심에 자유롭고
갈등과 번뇌의 흔적에도
초연하는 자세에
천리를 내다보는 밝은 눈빛

예리한 지성과
자비로운 정서로
영혼의 문을 열어
수행의 빛과 그늘
감동으로 보여주는
아름다운 수도자의 마음

산사로 가는 길

아무도 가보지 않은 숲 속의 길은
혼자서 생각하게 하여 좋다
흔적이 없어 좋고 방향이 없어 좋다
산사로 가는 길은 대화를 할 수 있어 좋다
무수히 오고 간 수도자들의 마음이
길을 밟는 발자국 소리로 들려온다
지나가는 바람 소리로 전해 온다
우거진 수목의 숨결로 느껴진다
세속의 번뇌로 걸음을 무겁게 한 길
수행의 갈등으로 걸음을 멈추게 한 길
정진의 의지로 걸음을 빠르게 한 길
산사로 가는 길은 대화를 할 수 있어 좋다

공부하다 죽어라

"공부하다 죽어라"
혜암 큰스님의 말씀은
글공부보다 자신을 찾는
수행 공부를 뜻하는데

하루 한 끼로써
평생을 누워 보신 적 없이
엄격한 수행의 본이 되신
'가야산의 대쪽' 큰스님은

"자신에게 속지 말라"
자신을 속이지 말라는 뜻이 아니라
내 속에 숨어 있는 도둑을 잡으라는
무서운 말씀을 주셨는데

큰스님의 눈에 맺힌 위로의 눈물과

따스한 손길의 자비는

말없이 남겨 주신 또 하나의 가르침이다

사랑하다 죽어라

출가의 이유

출가하는 뜻은
개인적 감정에
얽매이지 않고
사사로운 일에
마음쓰지 않는 것

출가하는 뜻은
사회적 관계에
마음 비우고
역사적 사건에
초연하게 되는 것

출가하는 뜻은
변화의 질서에서
자유함 깨닫고

자연의 순리에서

평안함 누리는 것

IV

아름다움의 의무

아름다움의 의무

아름답기 때문에
사랑할 수 있고
사랑하기 때문에
아름다울 수 있다
그렇다면 누구나
자기 짝 한 사람은
아름답게 할 수 있다
이 세상 태어나서
누구든 꼭 한 사람
아름답게 하는 것은
존재의 이유이자
인생의 의무이다

사랑으로

사랑이 약이다
사랑으로 마음의 병 치유한다

사랑이 샘이다
사랑으로 생명의 물 맑게 한다

사랑이 길이다
사랑으로 모든 것 통하게 한다

사랑이 힘이다
사랑으로 불가능 가능하게 한다

사랑이 빛이다
사랑으로 의심의 그늘 밝게 한다

사랑이 별이다

사랑으로 더 높이 희망을 걸게 한다

사랑의 변증법

사랑이
익어가는 것도
역사이고
사랑이
식어가는 것도
역사인데
사람들은
역사적으로 사랑을
생각하지 않는다
변증 논리에
익숙하지 않은
까닭일까

미덕과 악덕

한 사람의 미덕이
열 사람을
화목하게 하고
한 사람의 악덕이
열 사람을
반목하게 한다

도덕적 영감

좋은 일을 하게 하는 생각은
밖으로부터 영감으로 온다
자기 마음이 생각해내는 것이 아니다
마음이 착하기 때문인 것도 아니다
그 마음에서 나오는 악한 생각들도
마음이 악하기 때문인 것은 아니다
마음은 생각으로 반응할 뿐이다
좋은 생각이 영감으로 주어지면
좋은 일을 하는 마음이 된다

도덕적 영감이 특이한 것은
그렇게 행동하지 않을 수 없게 하는
당위적 힘을 수반한다는 것이다
누구에게나 도덕적 영감은 오지만
미리 그것을 차단해 버리는 사람

영감을 받고도 주저하는 사람
용기가 없거나 믿음이 없는 사람
이런 마음 상태의 사람들에게는
영감의 전달이 의미를 잃게 된다

영감은 분명 여러 사람에게 동시에
정보 전달로 전해지고 있지만
누구든 단 한 사람에게 먼저
도덕적 영감으로 받아들여지면
영감의 의미는 행동으로 실현된다
그러니까 선함과 착함의 근원은
영감을 보내 오는 저 바깥 어디에 있다
우리는 그 영감을 거부하거나 이해하지 못하여
도덕적으로 약하거나 악하게 된다

우리 세대의 덕목

실력의 미덕
터무니없이 중상 모략하는 언어 폭력에는
침묵으로 대응하고 실력으로 보여주라

실적의 미덕
평가나 보상에 연연하지 않을 수만 있으면
일하는 즐거움이 가장 큰 보상이고 실적이다

여유의 미덕
자기 능력의 80%만 활용하게 하는 여유가
유연성과 창조성으로 능력을 향상하게 한다

정직의 미덕
진실이 두렵지 않은 정직한 마음은
서로를 믿게 하는 투명 사회의 초석이다

정확의 미덕
총기 오발에 희생되는 무모함처럼
부정확한 정보가 생사람 잡는다

치밀의 미덕
치밀해야 하는 긴장감의 상실이
끔찍한 사고와 재난을 유발한다

관용의 미덕
영원과 본질과 절대에 대한 고집을 버리면
서로 다른 여러 갈래의 길을 관용할 수 있다

중용의 미덕
갈등과 대립이 첨예화된 현장에서도
마음만은 중용을 지향해야 한다

합의의 미덕
강요가 없는 합의는 자연의 진화가 만들어내듯
마음과 마음이 이루어가는 공존 공생의 길이다

절제의 미덕
밉지만 미워하지 말자
미워하면 독이 되고 병이 되니까

양보의 미덕
지하철에선 할머니 할아버지께 자리를 양보하고
인생의 열차에선 손자 손녀에게 미래를 양보한다

자적(사라짐)의 미덕
노병은 죽지 않는다 그저 사라질 뿐이다
언제 어떻게 죽느냐 문제시하지 않는다

노인은 죽을지언정 패배하지 않는다
패배하지 않으므로 스스로 사라진다

깨달은 사람은 소유하지 않으므로 잃을 것이 없다
언제라도 자유롭게 사라져 버릴 수 있다

도인은 무덤을 남기지 않는다 자연으로 돌아갈 뿐이다
남겨 두는 것은 욕심이고 돌려 주는 것은 진심이다

쉽게 용서하지 말자

힘이 없기 때문에 용서하지는 말자
비굴하게는 용서하지 말자
자기 욕망 때문에
남에게 고통 준 사람을
용서하지 말자
폭력으로 남의 생명 앗아간 사람을
용서하지 말자
잔인하게 남을 육체적으로 정신적으로
파괴시킨 사람을
용서하지 말자
의도적으로 남의 가정
파괴한 사람을 용서하지 말자
약한 사람을 힘으로
괴롭히는 사람을 용서하지 말자
내게 힘이 없기 때문에

마음에 없는 용서를 하지는 말자

눈은 눈으로 이는 이로 갚고

생명은 생명으로 갚아야 하지만

갚을 수 없는 손상과 파괴를 입힌

폭력자는 용서하지 말자

스스로 파괴되어

비참하게 될 때까지

엎드려 용서 빌 때까지는

쉽게 용서하지 말자

나의 비굴한 용서가

또 다른 사람의 고통과 희생을 방치하는

나약한 무책임이 되는

그런 용서는 하지 말자

그런 사람

그 사람은 나와 다르게 산다

이렇게 말하고는 잊어버리기로 했는데

꾹 참기로 했는데

참지 못하고 말이 입 밖으로 나와 버렸다

나쁜 놈

위선자

속물

배신자

그렇지만 그 사람은 잘도 산다

이 세상에는 그런 사람에게 속아 줄

사람들이 아직도 많다

피해를 입은 사람들이 다 함께

소리를 지른다면

그런 사람이 더 이상 나쁜 짓

못 하게 되련만

사람들은 그런 일로 소리를 지르지 않는다

지금은 온 나라가

그런 사람들 때문에 진통을 겪고 있지만

한 번씩 당한 사람들은 잊어버린 듯

그런 사람을 그냥 내버려두고 살아간다

사람을 어떻게 볼 것인가

얼마나 많은 땅을 소유하고 있는가
어떤 사회적 지위를 점유하고 있는가
얼마나 높은 교육을 받았는가
어떤 전문직에 종사하고 있는가
얼마나 큰 대중적 인기를 얻고 있는가
어떤 국가적 공로를 세운 사람인가

이런 것보다 더 중요한 것은
자기 주위에 어떤 문화 공간을 만들어 가는가
이것으로 사람을 볼 수 있어야 한다
누구나 자기대로의 공간 분위기(mood)를 만들어 간다
사람들을 즐겁게 하는 공간도 있고
사람들을 병들게 하는 공간도 있다
사람들이 모여드는 공간도 있고
사람들이 떠나가는 공간도 있다

사람들을 싸우게 하는 공간도 있고

사람들을 화평케 하는 공간도 있다

어떤 문화 공간을 만드는 사람인가

사람은 그렇게 봐야 한다

지하철 아이

서울역에 지하철이 막 도착했습니다
두 살 정도의 딸아이와 서 있던 엄마가 바로 앞에
멈추어 선 차량은 두고 뒤쪽 차량으로 달려갔습니다
"엄마 엄마" 부르면서 아이가 뒤쫓아갔습니다
지하철 문이 열리자 엄마는 얼른 안으로 들어갔습니다
열 걸음 정도 떨어져서 엄마를 따라가던 아이가 지하철
안으로 들어가 버린 엄마를 보고 걸음을 멈추어 버렸습니다
"엄마 ……" 라는 외마디가 두려움과 당혹함으로 떨렸습니다
아찔하고 참담한 순간이었습니다
엄마가 지하철 문으로 다시 와서 얼굴을 내밀고
아이에게 손짓을 했습니다
아이가 뒤뚱뒤뚱 달려가서 지하철을 탔습니다
지하철 아저씨가 보통 때보다 더 오래
문을 열어 두었기 때문이었습니다

성경책

해질 무렵
한강 시민공원 벤치 위에
자는 듯 쉬는 듯
누워 있는 노숙자
옷차림이나 짐 꾸러미가
말해 주는데
머리맡에 놓여 있는
성경책이 눈에 띄었다
오십대 중반에
지친 얼굴이지만
평화롭게 보이는 것은
영혼을 맡겼기 때문일까

하지마

믿지마 속지마
묻지마 찾지마

놀지마 졸지마
뜨지마 기지마

주지마 받지마
잡지마 빌지마

맺지마 끊지마
참지마 잊지마

밟지마 차지마
씹지마 뱉지마

웃지마 울지마

돌지마 죽지마

V

모든 것이 역사인데

모든 것이 역사인데

나무를 보고도 숲은 못 보듯이
사건을 보고도 역사는 못 보는가
모든 것이 역사인데

우주도 역사이고 진화도 역사인데
지성도 역사이고 신앙도 역사인데
정서도 역사이고 음악도 역사인데
사랑도 역사이고 미움도 역사인데

무엇을 숨기고 무엇을 자랑할까
모든 것이 역사이고
역사가 모든 것 말해 주는데

오늘 일에 성실하고
자신에게 솔직하여

물 흐르듯 가노라면

나중에 어느 나중에
한줄기 아름다운
강물로 남을 것을

역사적 사건

민족사이든 개인사이든
역사이기 때문에 원인이 있고
무엇을 탓할 수 있다

민족사이든 개인사이든
역사이기 때문에 이유가 있고
무엇을 목적할 수 있다

역사적 사건의 원인만 생각하면
책임을 피할 수도 있고
남을 탓할 수도 있다

역사적 사건의 이유를 생각하면
책임을 생각해야 하고
미래의 가능성을 생각해야 한다

진보와 보수

신리가 우리를 자유롭게 한다고
마음은 진리를 지향하지만
몸이 마음을 따라가 주지 못한다
마음은 진보적이고 몸은 보수적이다
그래도 몸을 버릴 수 없는 마음이
몸을 기다려 주는 여유를 보이면
몸이 스스로 마음을 따라가 준다
마음이 몸의 느림을 이해해 주면
앞서가는 마음을 몸이 이해해 준다
마음을 자유롭게 하는 진리와
몸을 자유롭게 하는 진리가
진보와 보수로 서로를 기다려 준다

역사와 철학과 문학

역사가 없다면
진보가 없다면
세대를 이어가며 존재할
이유를 찾을 수 없다
더 훌륭한 세대로 이어지는
성장을 기대할 이유가 없다
미래의 가능성과 희망을 위해
철학은 현실을 비판하고
역사의 이상을 말한다
문학은 그 역사의 가능성을
상상력의 세계로 그려 준다
성장하고 성숙하는 사람들과
변화하고 발전하는 역사를
구체적 상상력으로 이야기해 준다
철학과 문학은 다 같이

그래도 역사는 진보한다는
희망의 가능성을 말하지만
당위적 이상을 제시하는
합리적인 철학보다는
가상적 실제의 세계를
구체적 상상력으로
아름답게 서술해 주는
문학이 더욱 역사적이다
문학이 더욱 진보적이다

사회주의

사회주의의 꿈은
모두가 평등하게 되는
행복한 세상이다
수많은 사람들이
목숨 바쳐 이루고자 한
아름다운 꿈이었다

사회주의의 목표는
현실적인 불평등을
없애 가는 실천이다
도전 가능한 것부터
반역사적 불평등부터
제거하는 실천이다

사회주의의 실패는

새로운 갈등과 모순을
지양하여 통합하는
역사의 변증법을
억압으로 기만한
자기 모순의 실패였다

사회주의의 희망은
역사의 진보를 믿는
인간의 이상주의이다
변증법적 역사의 굴절을
기다려서 이겨내는
인간의 지혜로움이다

이상과 현실

개인의 능력에 따라서
국가에 봉사하고
개인의 필요에 따라서
국가가 분배해 준다는 것이
사회주의의 이상이다
그러나 현실은
국가의 필요에 따라서
개인이 국가에 봉사하고
국가의 능력에 따라서
개인에게 분배해 주는 결과가 되었다

자본주의의 이상은
개인의 필요에 따라서
자유롭게 일자리를 선택하고
개인의 능력에 따라서

적절하게 보수를 받는다는 것이다

하지만 현실은

일자리를 얻지 못하면

실직자로 낙오되고

다행히 일자리를 얻게 되면

주는 대로 받지 않을 수 없다는 것이다

일제 시대 청산

분단 시대 주도한
우리 안의 친일 세력
스스로 물러나고
통일 시대 거부한
분단 시대 유물들
조용히 제거되면
일본 극우파들
역사 왜곡 망언에도
초연하게 대처하며
다감한 이웃으로
찾아오는 일본인들
다정한 동반자로
맞아 줄 수 있으리니
그때야 비로소
역사 속에 묻으리라
일제 시대 청산도

세상의 모든 음악

'세상의 모든 음악' 이라는 말이
그토록 마음에 들었던 까닭을
이제는 분명히 알 것 같다
특수성과 보편성이 함께
표현되고 평가되기 때문이다
저마다 자기네 노래를
특이한 가락으로 부르는데
온 세상이 함께 좋아하는
세상의 음악으로 평가받는
보편적 아름다움을 노래한다는 것

'세상의 모든 음악' 을 비로소
말할 수 있게 되었음은
문화마다의 특수성을 이해하면서도
배타적 상대주의에 빠지지 않고

문화의 보편적 가치를 지향하면서

서로가 서로를 존중할 수 있는

성숙한 문화의 세계를

아름다운 문화의 세계를

다양하지만 평등하게

누구나 좋아할 수 있다는 것

문명의 부담과 문화의 혜택

지금 이라크 국민이 당하고 있는
끔찍한 살인과 파괴는
미국의 문명을 위한 부담이다
과거 식민지 국가의 국민들이
제국주의 문명을 위해
희생하지 않을 수 없었던 부담이다
경제 개발이라는 근대화 과정에서
노동자들이 저임금으로
착취당해야 하는 부담이다
문명의 부담으로 희생되는 것은
우리 인간만이 아니다
벼메뚜기가 없어진 것도
개울에 물고기가 없어진 것도
자연에게 부담을 주는 문명의 탓이다
문화는 아무에게도 부담을 주지 않는다

마음을 풍요하게 해주고
영혼을 자유롭게 해준다
문화는 모든 사람에게 혜택이 되면서도
자연에게 부담이 되지 않는다
하지만 문화가 문명의 수단이 되어
혜택이 불공평하게 배분되면
지배 계층과 피지배 계층이 생기고
문명의 전쟁을 구실로 하는
살인과 파괴가 자행된다

복수

사랑보다 강한 것은 미움이고
미움보다 강한 것은 복수이다
복수는 또 다른 복수를 낳는 악순환을 이루므로
하느님이 대신 복수를 해주신다고 한다
벼락을 내리는 우발적 재앙의 방법이 아니라
역사적 과정으로 서서히 풀어가는
역사적 심판으로 하느님은 복수를 하신다
역사를 통한 하느님의 심판 또한
직접 개입하시는 하느님의 역사가 아닌
인간을 통하여 인간의 역사적 참여와 실천으로
하느님의 정의가 실현되게 하시는
하느님의 대행자 인간의 역사이다
복수는 하느님이 대신하시는 것이지만
하느님의 복수는 역사적 심판의 복수이고
역사적 심판은 선과 악의 갈등을
역사적 실천으로 이겨내는 정의의 심판이다

종말의 불안

철학자들은 즐겨 말해 왔다
행복한 돼지보다는 불행한 소크라테스가 낫다고
자연적인 대재앙으로 지구상의 인류가
멸종하는 종말을 계산하게 된 요즈음
철학자들은 다시 말할 것이다
종말의 불안을 느낄 수 없는 동물들보다는
종말의 불안을 예감하는 인간이 낫다고
하지만 동물들에게는 종말의 불안이 없을까
불이 나는 집에서 쥐들이 미리 사라지는 것은
재앙을 예감할 수 있는 능력이 아닐까
우리처럼 개념화할 수는 없지만
식물들에게까지도 종말의 불안이 있지 않을까
존재의 뿌리를 말하자면 우리 인간은
식물과 동물의 줄기를 타고난 작은 가지일 뿐인데
언제까지 우리 인간은 종말이라는 존재의 불안을

인간만의 문제로 착각하고 있을까
지구상에서의 종말을 피하여 또 다른 행성으로
다만 몇 사람이라도 옮겨 간다는 생각에도
우리는 이미 '노아의 방주'를 잊고 있다
모든 동물의 쌍쌍을 방주로 불러모았다는
노아의 생명 의식을 우리는 잊고 있다
종말의 불안은 '온 생명'의 불안이다
죽음을 탄생으로 이어가는 개체 생명의 역사처럼
'온 생명'의 종말은 '온 생명'의 시작을 뜻하리라

종말의 그림자

지는 해에
길어지는 그림자처럼
한 시대가 저물 때는
허위 허풍 허상의
그림자가 늘어난다

선과 악
옳고 그름
참과 거짓을
구별하게 한 언어가
속임수의 도구가 되었듯이

현실보다 풍부한 가상 현실이
실재와 가상을 혼동케 하고
기만과 착각의 도구가 되어

역사의 종말을 재촉하듯

어두움의 그림자를 키워 간다

VI

낙엽

낙엽

가을의
단풍처럼
아름답게
늙을 수 있을까
떨어져
짓밟혀도
섭섭하지
않을 수 있을까
쓸어서
불 태워도
아파하지
않을 수 있을까

65

육십오세 정년날을
뒤로하고 돌아서면
남아 있는 시공간은
숨막히게 좁아지니
모든 것을 아껴쓰고
지혜롭게 운용하여
어디서나 무엇에나
부담으로 남지 않고
청아하고 소박하게
그림처럼 살았다가
노자처럼 흔적없이
자연으로 돌아가리

나무도 늙으면

나무도 늙으면 옮겨 심지 못하는데
정년을 앞둔 늙은 교수가
생판 다른 문화 공간으로
모심을 받아 영전해 갔다가
심한 마음의 상처를 입고 돌아왔다
늙어서 함부로 아무데나
옮겨 갈 것이 아니라고
뼈아픈 후회를 하며 돌아왔다

인생의 본전

자식들을 결혼시켜
다 떠나보내고
늙은이 부부만 남게 된 것을
본전만 남았다고 한
친구의 말이 생각난다
우리 인생에는
또 다른 의미의 본전이 있다
사람들은 자신의 생애에서
무엇을 성취했느냐만을
계산하기 쉽지만
성취한 것과
실수한 것을 함께
계산해 본다면
대부분의 경우
본전만 남는다는 씁쓸한
결과를 얻을 것이다
빈 손으로 왔다가
빈 손으로 간다는 인생인데

성취한 것과 실수한 것이
본전으로 맞아떨어지면
성인 군자도 못되고
흉악 범인도 아닌
중도의 인생에는
그것도 다행한 일이리라

일과 삶

한평생 쉬지 않고
소처럼 일만 해왔으니
정년 퇴임이 오면 그때는
마음 놓고 놀기만 하란다
남들은 65세에 정년인데
일복으로 살아온 나는
70세까지 더 기다려야 한다
그런데도 놀기만 하라는
노후의 하루하루가 염려스럽다
놀아가면서 일해 왔다면
일없이 놀 수도 있으련만
노는 일에는 자신이 없다
돈 모으는 일에 자신이 있었던
한 친구는 노는 데는 자신이 있어서
50대 중반까지만 일하고
여생을 즐겁게 살기로 했는데
계획대로 돈을 모으게 되자
몸이 포기를 해 버렸기에

투병으로 여생을 보내게 되었다
한평생 일만 하던 사람이
노는 삶으로도 행복할 수 있을지
차라리 일할 수 있는 날까지만
살 수 있는 축복을 빌어 본다

죽음의 축복

죽음도
하느님의 축복입니다
어머니 장례식에서
위로하는
신부님 말씀이었다
그렇다면
죽음의 축복을 비는
기도를 할 수 있다

죽음과 늙음

늙지 않을 수 없으면
죽지 않을 수 없고
영원히 살 수 있으면
영원히 늙어 가야 하니
이 얼마나 끔찍한 일인가
추하게 늙지 않으려면
적당히 늙어야 하고
적당히 늙으려면
적당히 살아야 하거늘
늙지도 않고 죽지도 않는
영원의 약속에 혹하는
허망한 마음은 웬 말인가

죽는다는 것

누구나 죽는다는 것은 자연의 뜻이지만
누구나 특이하게 죽는 것은 운명인가
종교적 순교는 하느님의 뜻인가
정치적 처형은 역사의 필연인가
비관적 자살은 약자의 선택인가
낭만적 자살은 정서의 선택인가
노숙자의 죽음은 의지의 한계인가
군인의 전사는 정치적 희생인가
환자의 안락사는 죽음의 권리인가
등산가의 실족사는 판단의 실수인가
지진의 희생자는 통계적 숫자인가
범죄의 희생자는 사회의 책임인가

죽음의 부담

부담을 주지 않고 살 수는 없지만
부담이 되지 않게 죽을 수는 있다
가족에게 부담을 주지 않을 수 있고
사회에 부담이 되지 않을 수도 있다
고통의 연장이라는 부담을 피할 수 있고
삶에서의 애착이라는 부담을 버릴 수도 있다
죽음을 재촉하는 것도 부담일 수 있고
죽음에 무관심한 것도 부담일 수 있다
생명보다 귀한 것이 사랑일 수 있고
죽음보다 진한 것이 그리움일 수 있다
마음의 부담을 남기지 않는 죽음이
참으로 부담 없는 자유로운 죽음이다

아쉬움

슬픔도 아니고
원망도 아니고
부담도 아니고
후회도 아니고
아쉬움만 남기고
떠날 수 있었으면

웃으면서 가자

웃으면서 가자
웃다가 가자
웃을 수 있을 때 가자
웃음을 남기고 가자

아름다운 빈 자리

숲 속 오솔길에
의자 하나
아무도 소유하지 않고
누구나 잠시 앉았다 가는
아름다운 빈 자리

외로움을 달래던 사람
좌절감을 묻었던 사람
괴로움을 삼키던 사람
무지개를 꿈꾸던 사람도
남겨 두고 떠난 빈 자리

Ⅶ

흐르는 것에는 리듬이 있다

흐르는 것에는 리듬이 있다

산 능선을 넘고 대평원을 누비며
바람 따라 흐르는
대지의 리듬이 있다

성장하는 변화의 리듬이 있고
발전하는 역사의 리듬이 있다

운동 경기에도 리듬이 있고
유통 시장에도 리듬이 있다

슬픔과 기쁨의 리듬이 있고
불운과 행운의 리듬이 있다

사랑과 미움에도 리듬이 있고
노동과 여가에도 리듬이 있다

모든 것이 과정이고 모든 것이 흐름이라는
우주의 리듬이 있고
우주의 리듬을 노래하는
음악의 리듬이 있다

물처럼 흐르는 글
노래처럼 흘러가는 글에는
편안하게 해주는 리듬이 있다
자연스러움의 아름다움이 있다

민들레 함성

그토록 지독하게
손으로 뽑아내고
약으로 죽여 없애도
이듬해 봄에는 다시
여기저기서
노랗게 피어나는 민들레
노란 민들레가
파란 풀밭에서
아름답게 조화를 이루는데
왜 민들레를 미워할까
어느새 노란 꽃잎은
하얀 솜사탕이 되어
기다렸던 바람을 타고
젊은이들의 함성처럼
하늘로 퍼져 올라가면

또 민들레가 이겼구나

안도를 한다

생명의 힘을 감탄한다

사람이 더 이상 이 땅의

생명을 짓밟을 수 없는

종말의 그날이 와도

민들레와 그 친구들은

정답게 아름답게

생명을 지켜 갈 것이다

비둘기의 날개

추석날 아침 강변 산책에서
비둘기 한 마리와 인연을 맺었다

혼자서 모이를 찾아다니는 비둘기가
나의 걸음을 멈추게 했다
절룩거리는 비둘기의 걸음이 이상했다
한쪽 다리의 발가락이 모두 잘려나간
절름발이 비둘기였다

외톨이가 된 까닭일까
하늘을 날아다닐 수는 있을까
측은한 마음으로 지켜보는 나를
비둘기는 힐끔힐끔 쳐다보면서
표정을 읽는 듯하더니

보라는 듯이 두 날개를 활짝 펴서
하늘을 날아가기 시작했다
그 뒤를 몇 마리의 비둘기들이 따라갔다
저만치 반포대교 아래 비둘기 집으로
유유히 함께 날아가 앉았다

그렇다 비둘기는 날개만 꺾이지 않으면 된다
우리의 '날개'는 무엇일까?
우리를 비상하게 하는 것은 마음이다
마음만 온전하면 우리도
하늘 높이 영혼의 세계를 날 수 있으니까

잠자리의 실수

늦가을 이른 아침 잠자리 한 마리가
물차기를 하러 연못으로 내려갔다가
날개를 물에 적시는 실수를 했다
다시 날아오르려고 날개짓을 하지만
물에서 날개를 떨어지게 할 수 없다
꼬리 끝으로만 살짝 물을 차야 하는데
너무 빨리 내려갔던 탓이거나
아니면 날씨가 추워져서 제대로
힘을 쓸 수 없었는지도 모를 일이다
한참 동안 물 위를 떠돌아다니면서
필사적인 날개짓을 해보고 있는데
큰 붕어 한 마리가 입을 딱 벌려서
실수한 잠자리를 그대로 삼켜 버렸다
잠시 후 다른 잠자리 한 마리는
꼬리로 살짝 물을 차고 보라는 듯이

유유히 날아오르는 데 성공했다

수면에 꼬리만 살짝 치는 물결을 남기고

자유롭게 다시 비상해야 하는 잠자리가

날개까지 물을 적시게 한 실수로

생명을 잃어버리는 운명을 초래했다

누구에게나 소중한 자기의 날개가 있다

다시 날아오르게 해야 하는 날개가 있다

실수로도 물에 빠지게 해서는 안 되는

언제라도 다시 비상하게 하는 날개가 있다

지렁이

길을 잘못 든
지렁이가
햇볕 따가운
보도 위에서
몸부림치고 있다
길을 잘못 든
인생이

모과

땅에 떨어진 모과는
곧 썩어 버리는데
그 중에는 새까맣게 말라서
미라처럼 딱딱해지는
좀처럼 썩지 않을
예외적인 모과들이 있다
자기 속에 씨앗을 지키면서
오래오래 버티어 내고자
온몸으로 단단하게
껍질을 만들어 버린
모성의 본능이라고 할까
자연의 선택이라고 할까

능력의 여유

멀리 여행을 떠나는 아이에게는
필요와 자유를 위한 여유의 노자를 주듯이
인생이라는 여정의 우연과 필연을 위해
자연은 우리에게 여유의 능력을 준다
자기 욕심만을 위한 재능이 아니라
예기치 못한 위기와 기회를 위하여
계산에 없는 봉사와 자비를 위하여
자연은 우리에게 여유의 능력을 준다

슬픈 나무

외로운 나무는 있는데
슬픈 나무도 있을까
찾아오던 새들이
갑자기 사라지면
슬픈 나무가 될까
아낌없이 다 주고도
서 있는 자리까지
새 집터로 내주면
슬픈 나무가 될까
가을비 오는 날
버드나무 가지마다
눈물이 흘러내리면
슬픈 나무가 될까
가로수에 새겨 둔
약속의 날이지만

해 저무는 시간에도
나타나지 않는 연인을
하염없이 기다리는
마음을 위로하는 듯
무심한 바람이
소식 없이 지날 때마다
낙엽을 뿌려 주는
플라타너스는
슬픈 나무일까

참으로 아름다운 것

참으로 아름다운 것은
잡을 수 없다
소유할 수 없다
자기만의 것일 수 없다
석양의 아름다움도 그렇고
사람의 아름다움도 그렇다
누구나 볼 수 있고
누구나 만날 수 있는 곳에
그대로 있어야 한다
자연스럽게 살아 있어야 한다

꽃의 마음

꽃에는 저마다의 마음이 있다
사람의 마음이 제각기
다르게 세상을 살아가면서
다르게 이해하고 표현하듯이
꽃에도 세상 이야기가 있다
꽃마다의 마음이 있다
아기 마음의 꽃도 있고
엄마 마음의 꽃도 있고
연인 마음의 꽃도 있고
보살 마음의 꽃도 있고
스님 마음의 꽃도 있고
부처님 마음의 꽃도 있다

꽃의 아름다움

꽃이 아름답게 보이려는 것은
꽃마다의 생각이 아니다
유전자에 있는 목적 기능이다
사람이 아름답게 보이려는 것은
자기 생각의 탓이라고 한다
무엇이 아름다운 모습인지
어떤 아름다움을 선택할 것인지
누구에게 아름답게 보일 것인지
생각할 수 있기 때문이다
사람은 왜 이런 생각을 할까
유전자의 목적 기능 때문일 것이다
사람은 생각으로 그런 생각을
거부할 수도 바꿀 수도 있다
유전자의 목적 기능을 따르지만
다양한 방법으로 다양한 목적을

선택하여 지향할 수 있다

온갖 꽃들의 온갖 아름다움을

유전자의 기능으로 만들어 낸 자연이

우리 인간에게는 다양한 아름다움을

스스로 만들어 낼 수 있게 해주었다

자연의 아름다움을 보고 배우게 했지만

자연의 꽃이 아름다운 것과는 다르게

사람의 욕심은 가끔 추한 것을 만들어서

자연을 거역하는 아쉬움을 남긴다

정복되지 않은 산

지구 저편 어디엔가
정복되지 않은 산이 있다
모든 산을 정복했다는
인간의 자만을 꾸짖는
정복되지 않은 산이 있다
밤이면 하늘 높이
치솟아 올랐다가
낮이면 제자리로 오는
이상한 산이 있다
사람들이 정복했다는
제일 높은 산보다 더 높은
정복되지 않은 산이 있다

Ⅷ

마음의 여유

마음의 여유

아침에 일어나면
그 날을 위한
마음의 여유를 가늠해 본다
오늘은 내 마음이
얼마나 여유있게
모든 일에 대처할 수 있을까
내 마음의 상태 내 마음의 여유는
어디쯤에 있을까……

이보다 더 좋을 수는 없다
모든 것이 뜻대로 되어 간다
인생은 아름답다
행복은 마음속에 있다
사람의 천성은 착하다
정의는 반드시 이긴다

아직도 더 좋아질 수 있다

희망은 있다

이 정도면 만족할 만하다

이만하면 견딜 만하다

흐린 날이 있으면 맑은 날도 있다

맑은 날이 있으면 흐린 날도 있다

쥐구멍에도 볕들 날이 있다

언제나 두 가지 가능성이 열려 있다

되는 일도 없고 안 되는 일도 없다

아무것도 되는 일이 없다

절망은 없다

이유는 없지만 포기할 수 없다

인내력의 한계를 느낀다

더 이상 물러설 데가 없다

하루의 일이 끝나면

지치고 상처입은 마음을 달래면서

내일을 위한 여유를 찾고자

좋은 쪽으로 좋은 쪽으로

생각을 옮겨가 본다

아침이 오기 전에

마음의 여유를

회복해야 한다고……

마음의 거울

모든 것이

마음속에 있다지만

마음은

세상의 거울일 뿐이다

마음속의 모든 것은

거울 속의 세상이다

마음속의 세상에는

바깥 세상에 없는

가상 공간이 있다

마음은

세상의 거울이지만

세상보다 넓을 수 있다

섭섭한 마음

섭섭하게 느끼는 것은
마음이 약해졌다는 뜻이다
마음의 빈 방을
스스로 차지하게 하는
생각이 없어졌다는 뜻이다
늘상 찾아와 주던
그 방의 손님이
발걸음 끊어 버리고
텅 빈 마음의 방이
부담스러워졌다는 뜻이다
마음에 빈 방이 생길 때마다
새로운 생각이 솟아나게 하는
젊음을 잃어버렸다는 뜻이다
마음을 강하게 하는 것은
언제나 샘솟는
생각의 힘이다

기다리는 마음

기다리는 마음은 초조하다
단비를 기다리는 농부의 마음
합격을 기다리는 수험생의 마음
취업을 기다리는 실직자의 마음
어느 마음인들 초조하지 않으랴

기다리는 마음은 안타깝다
기적을 기다리는 환자의 마음
휴전을 기다리는 난민의 마음
연인을 기다리는 실연자의 마음
어느 마음인들 안타깝지 않으랴

기다리는 마음은 신중하다
귀향을 기다리는 이방인의 마음
결전을 기다리는 지휘관의 마음

종말을 기다리는 신도의 마음
어느 마음인들 신중하지 않으랴

기다리는 마음은 침착하다
깨달음을 기다리는 수도자의 마음
계시를 기다리는 선지자의 마음
영감을 기다리는 창작자의 마음
어느 마음인들 침착하지 않으랴

마음의 색깔

사람의 마음이
어찌 한결같을 수 있으랴
기계도 아니고 천사도 아닌데

여자의 마음이
흔들리는 갈대에 비유된
문화적 편견도 있었지만

마음의 색깔이
계절의 변화를 타지 않는다면
화석으로 굳은 마음일 텐데

마음의 우연이
좋은 마음으로 자주 만나면
좋은 색깔의 마음으로 기뻐하고

마음의 우연이
나쁜 마음으로 자주 상하면
나쁜 색깔의 마음으로 실망하거늘

마음의 색깔이
본래 한결같을 수 없는 것이라면
색깔의 변화를 두려워 말리라

마음과 영혼

사람의 마음은
방이 여러 개 있는 집과 같아서
각기 다른 사람에게
마음을 줄 수 있고
여러 가지 다른 일에
마음을 빼앗길 수도 있지만
그 마음을 집중시키면
산을 움직일 수도 있다

사람의 영혼은
각자 하나뿐이어서
남에게 줄 수도 없고
빼앗길 수도 없지만
영혼은 그 대신 언제나 다른 영혼들과
접속되어 교감할 수 있으므로

집단의 영혼을 이루어

함께 감동하고 번뇌한다

마음의 평안

마음이 평안하려면
영혼이 자유로워야 하고
영혼이 자유로우려면
진리를 깨달아야 한다
진리를 깨달으려면
정서가 안정되어야 하고
정서가 안정되려면
지성이 원만해야 한다

영혼의 감동

슬픔이 아름다운 슬픔이 되고
고통이 아름다운 고통이 될 때
영혼이 감동한다

절망이 아름다운 절망이 되고
방황이 아름다운 방황이 될 때
우리의 영혼이 감동한다

좌절이 아름다운 좌절이 되고
패배가 아름다운 패배가 될 때
우리의 영혼은 눈물로 감동한다

이별이 아름다운 이별이 되고
고독이 아름다운 고독이 될 때
우리의 영혼은 또 한번의 성숙에 감동한다

마음과 말

마음에 없는 말은
오해를 하게 한다

마음이 없는 말은
의심을 하게 한다

마음에 없는 말은
상처를 입게 한다

마음이 없는 말은
관심을 잃게 한다

마음에 없는 말은
인정을 끊게 한다

마음이 없는 말은

대화를 끊게 한다

아름다운 마음

인생을 아름답게 살다 가라고
하느님은 모든 것을 마련해 주셨는데
사람들은 왜 이다지도
어렵고 불편하고 괴롭고 고통스럽게
한평생을 살아야 하는 것일까

착한 마음씨의 아름다움
의로운 자기 희생의 아름다움
깊고 진한 인정의 아름다움
불변을 약속하는 사랑의 아름다움
깨달음을 추구하는 수행의 아름다움

인생을 아름답게 사는 길이
지리산을 오르는 길만큼이나
사방팔방으로 우리를 기다리고 있는데

왜 사람들은 어두운 골짜기에
그늘진 삶을 탓하고만 있을까

아름다움은 자연스럽게 느껴진다
찾는 마음에게 주어진 것이다
준비된 마음에게 보이는 것이다
인생을 아름답게 사는 것도
아름다운 것을 보는 마음에 있다

나치 수용소에서도
전태일의 분신에서도
인생을 아름답게 보는 마음은
하늘이 주시는 것일까
사람이 만들어 가는 것일까

마음에 총을 쏘면

심장에 총을 쏘면 생명이 끊어지고
마음에 총을 쏘면 마음이 없어진다

함께 대화를 나눈 사람이
대화의 내용을 왜곡해서 나를 모함했다
사실을 확인한 사람이 정정을 하자
내게 그럴 만한 동기가 있었다고 둘러댔다
그럴 사람이 아니라고 다시 나를 변호해 주자
"아니 땐 굴뚝에 연기가 나랴!" 라고
끝내 내 마음에 총질을 했다

가슴에 총을 맞고도 살아날 수는 있다
마음에 총을 맞으면 마음이 지워진다
총질한 사람에 대한 마음이 없어진다
그 날은 왜 그런 말을 '미친 듯' 쏘아댔는지

자신도 도무지 알 수가 없다면서

정중하게 사과하는 전화가 왔지만

그것을 받아 줄 마음이 없어졌다

마음에 총을 쏘면

용서받을 마음이 없어진다

영혼의 상처

몸의 상처보다 깊은 것이
마음의 상처이고
마음의 상처보다 오래 가는 것이
영혼의 상처이다

속임을 당하면
욕설을 들으면
멸시를 당하면
마음이 아프다

양심을 의심받으면
인격의 모독을 당하면
자존심이 짓밟히면
영혼이 상처를 입는다

몸의 상처는 의술이 치료한다

마음 상처는 상담으로 예술로

용서로 이해로 치유된다

상처 입은 영혼은 어떻게 치유되는가

IX

다 비우고 다 버리고

다 비우고 다 버리고

의욕을 다 비우고
기대를 다 버리고

빈 마음으로
쉬는 마음으로

바람 따라
물 따라

계곡을 미끄러져
평원을 가로질러

큰 강을 이루어
큰 바다 이를 때

나 그대와 만나리

나 그대를 만나리

빈 자리

떠난 후의 빈 자리가
아쉽게 느껴지는
그런 사람으로
일하다가
그런 사람으로
살다 가는 것이
바람직하다는데
두고두고 가끔씩
생각나게 하는
빈 자리의 아쉬움은
성실함 때문일까
지혜로움 때문일까
자비로움 때문일까
빈 마음 때문일까

보고 싶은 마음

보고 싶은 마음의
그늘에는
보면 부담스러운
또다른 마음이 있다
보고 싶지만
보고 싶지 않은
야릇한 마음의
두 얼굴이다
보고 싶다는 말을
새겨서 듣게 하는
솔직한 마음의
두 얼굴이다

미안하다

"세상의 모든 음악, 김미숙입니다"는
어느 고등 학교 3학년 담임 선생님이 올린
"미안하다"라는 제목의 인터넷 글로
시작하면서 또 다른 "미안하다"를 덧붙였다
오늘 수능 시험을 본 모든 19세들에게
못 다 해준 온갖 일을 하나하나 들어서
"미안하다"고 한 그 선생님의 말은
수능 시험을 볼 수 없었던 19세들
여러 가지 사정으로 대학 진학을
포기하게 된 수많은 우리의 19세들에게도
"미안하다"는 말을 하게 하면서
참으로 미안한 마음을 갖게 한다는 것이다
왈칵 눈물이 쏟아지게 하는 한마디였다
우리에게도 희망이 있다는 생각을 하게 했다
"세상의 모든 음악"이라는 말처럼

우리 사회의 모든 19세들을 함께
생각하는 마음이 감동으로 와 닿았다
"미안하다"는 말은 곧 나의 옛날로 돌아가
중학교 진학을 포기했던 정수득을 생각나게 했다
5학년으로 월반한 내가 불안했을 때
반장 수득이는 나의 짝이 되어 주었고
내가 반장이 되었을 때도 그는 늘 나의 형이었다
함께 중학교를 갈 수 없었던 수득이에게
"미안하다"는 마음 오늘도 그대로 아프다

지난 일

흘러 간 옛 노래를 듣다가
생각이 났다 지난날의 일들이
충분하게 사랑해 주지 못한 일이며
좀더 따뜻한 정을 주지 못한 일이
내 뜻은 그런 것이 아니었는데
내 마음은 그렇지 않았는데
얼마나 서운했을까
얼마나 실망했을까
왜 좀더 따뜻한 정을 주지 못했을까
왜 좀더 사랑해 주지 못했을까
내 마음은 그렇지 않았는데
내 뜻은 그런 것이 아니었는데
그럴 여유가 내게 없었던 것도 아닌데
그렇게 지나쳐 버린 일들이기에
미안한 마음 접어둘 수 없어
하염없이 눈물이 흘러내린다

구멍 난 양말

구멍 난 양말을 버리기로 하고
까만 비닐 봉지에 싸서
휴지통에 쑤셔 넣어 두었다
며칠이 지났는데 어쩐지
미안하다는 생각이 들어
오늘 다시 꺼내서 빨아 널었다
그렇게 열심히 매일 신고 다니더니
구멍이 좀 났다고 이렇게 버리긴가
서운하다는 양말의 위축된 소리를
들을 수 있을 것 같았다
사람도 늙고 지치면 구멍이 나는데
그렇다고 내다버리지는 않거늘
구멍 난 양말을 다시 보면서
미안하다는 생각이 났다
구멍 난 것이 우스우면서도
여유있고 멋있게 느껴졌다

위로와 자부

세상에는
나처럼 사는 사람들이
많이 있다는 생각으로
위로를 받을 때가 있다

세상에는
나처럼 사는 사람이
하나도 없다는 생각으로
자부심을 느낄 때도 있다

그냥 눈물이 날 때

그냥 눈물이 날 때가 있다
서러워서라는 생각은 들지만
왜 서러운지 무엇이 서러운지
잡히는 것이 없다
이성의 횡포에 길들여진 우리는
분별할 수 있는 이유를 묻지만
뚜렷한 이유도 없이
그냥 눈물이 날 때가 있다
이유를 묻지 않아도 좋은
눈물이 하염없이 흐를 때가 있다

그냥 눈물이 날 때가 있다
고마워서라는 생각은 들지만
왜 고마운지 무엇이 고마운지
잡히는 것이 없다

인과적 설명에 길들여진 우리는
분별할 수 있는 원인을 묻지만
뚜렷한 원인도 없이
그냥 눈물이 날 때가 있다
원인을 묻지 않아도 좋은
눈물이 하염없이 흐를 때가 있다

오늘은 취하고 싶다

오늘은 지친 세상 취한 듯 살고 싶다
모난 세상 둥글둥글 살고 싶다

오늘은 지난날 아픔을 잊고 싶다
미운 사람도 고운 듯 보고 싶다

오늘은 내일 일 걱정을 풀고 싶다
잿빛 그늘도 양지인양 믿고 싶다

오늘은 달려온 길 멈추어 서고 싶다
바쁜 걸음도 비틀비틀 걷고 싶다

오늘은 마음 비워 길 따라 가고 싶다
낯선 산천 흘러가듯 돌고 싶다

오늘은 미친 세상 취한 듯 살고 싶다

꿈과 현실 혼동하여 살고 싶다

기도

참으로

참으로 견디기 어려운

고통을 당하게 될 때는

하늘을 쳐다보며

"왜, 내게 이런 고통이 필요한가요?"

"이런 고통의 의미가 무엇인가요?"

소리쳐 보기도 한다

하느님을 원망하는 것도 아니고

그에게 답을 구하는 것도 아니다

의미 없는 고통

이유 없는 고통은 아니겠지만

그냥 견디어 내기가

너무 고통스럽기 때문이다

누구의 탓으로 돌릴 수 없는

나의 고통이 너무 아프기 때문이다

그래도

하늘을 우러러

소리를 지르고 나면

쏟아지는 눈물로 해답이 온다

눈물이 고통을 씻어 준다

아픈 마음이 여유를 찾게 된다

그제서야 나보다 더 큰 고통

이겨낸 이름들이 생각난다

그들이 견디어 낸 고통의 의미를

생각해 낼 수 있다

감사하는 마음이 생긴다

고통 없이는 이룰 수 없는 역사의 길

앞서 보여준 그들에게

감사하는 마음으로

평안을 찾는다

길이 있는데

길이 있는데
어디론가 데려가 줄 길이
내 앞에 펼쳐져 있는데
어찌
이 길을 따르지 않으랴

힘이 있는데
길을 멈추지 않게 할
힘이 내게 남아 있는데
어찌
이 걸음을 더 지켜가지 않으랴

지성이 있는데
진리의 빛 밝히는
논리의 힘이 내게 있는데

어찌
진리의 길을 추구하지 않으랴

감성이 있는데
아름다운 것 볼 수 있는
마음의 눈이 내게 있는데
어찌
더 아름다운 것 구하지 않으랴

영성이 있는데
우주의 속삭임을 들을 수 있는
영감의 귀가 내게 있는데
어찌
더 높은 곳으로 기울이지 않으랴

길이 있는데
뒤돌아보면 자랑스런
어제의 힘겨웠던 흔적들이 있는데
어찌
내일을 약속하는 이 길을 따르지 않으랴

보물

세상에서 가장 소중한 보물은

사람마다 자신의 마음과 영혼을 위해

쌓아 가는 보물이다

지성을 위해

정서를 위해

영성을 위해

귀한 것을 쌓아 가는 일이다

자신의 마음과 영혼의 집을

더 충실하게

더 아름답게 지어 가는 일이다

지성적 공간도

정서적 공간도

영성적 공간도

더 풍부하고

더 아름답게 만들어 가는 일이다

세상에 더 소중한 보물이 없다고 할

자신의 마음과 영혼의 집을

훌륭하게 지어 가는 일이다

X

아름다움으로

아름다움으로

불멸의 영혼보다는
아름다운 영혼이 낫다

흡족한 마음보다는
아름다운 마음이 낫다

부유한 세상보다는
아름다운 세상이 낫다

합리적 선택보다는
아름다운 선택이 낫다

합법적 해결보다는
아름다운 해결이 낫다

공정한 경쟁보다는

아름다운 경쟁이 낫다

아름다움

아름다움은 플라톤의 천국으로
안내하는 도로 표지이다
모든 것이 가능하지만
아름다워야 한다
진리도 아름다워야 한다
선함도 의로움도
아름다워야 한다
아름다움을 지향하지 않을 때
종교는 독선이 되고
철학은 궤변이 되고
과학은 기술이 되고
예술은 장난이 된다

아름다운 마음이

사람이 꽃보다도
아름다운 까닭은
이 세상 무엇보다
더 아름다운 것이
사람의 마음인데
더욱 더 아름답게
진화하는 마음이
아름다운 이 세상
지켜 나간다는 뜻
어찌하랴 그러나
햇빛이 밝을수록
그림자가 진하듯
아름다운 마음에
강한 독이 깃들어
마음속 검은 독이

추한 세상 만들고

마음속 숨은 독이

종말을 위협하니

마음으로 마음을

이겨내는 노래를

사람이 꽃보다도

더욱 아름답다고

마음이 세상에서

제일 아름답다고

소리쳐 불러 주면

이 세상 지켜내리

아름다운 마음이

아름다움과 추함

사람은 누구나
아름답게 태어나서
추하게 늙어 간다
추해지는 모습을
종교나 철학이나
문학이나 예술로써
고쳐 볼 수 있지만
피할 길은 없다

순수 문학

세월이 문학을 내버려두지 않는데
문학이 어찌 순수하게 남아 있을 것인가
나라를 빼앗은 제국주의 일본의 탄압이
우리말 우리 이름 우리 문화를 없애려는데
문학이 어찌 독립 운동에 참여하지 않을 것인가
총칼로 정권을 찬탈한 군사 독재의 지배가
억압과 통제로 지성을 질식하게 하는데
문학이 어찌 민주화 운동에 참여하지 않을 것인가
용기가 없어서 혹은 체질적으로 맞지 않아서
참여를 거부하고 순수를 지키고자 피하면
문학의 힘을 이용하는 제국주의와 군사 독재가
유능한 문학일수록 그냥 두지 않으려는데
문학이 어찌 순수하게 남아 있을 것인가
무능하기 때문에 참여를 거부한 문학이라면
권력의 유혹과 협박을 받을 리 없겠지만

유능하면서도 참여를 거부한 문학이라면
권력이 순수 문학으로 버려 둘 리 없거늘
참여를 거부하는 이유에 상관없이 순수의 선택은
곧 권력의 시녀가 되는 유혹의 선택이었으니
세월의 바람을 맞지 않아서 문학이 순수할까
역사의 진보와 무관하므로 문학이 순수할까
문학이 세월 따라 울고 웃고 절망하고 희망하면
세월이 문학을 그냥 내버려두지 않는데
문학이 어찌 순수하게 남아 있을 것인가

마음의 글 영혼의 글

컴퓨터 기술이 조형 예술 될 수 없고
글재주 자랑이 문학 예술 될 수 없어
기술과 재주는 마음만의 능력일 뿐
영혼이 통하고 영혼으로 교감하는
승화된 마음이 예술로서 살아나니
독재의 총칼에 당당하게 저항하여
민주화 외치며 생명 바친 젊은 혼을
이념의 노예로 조롱하고 비방하여
권력에 아부한 뻔뻔스런 마음에서
예술로 승화된 진실성을 기대하랴
참여와 실천을 노래하고 행동하여
투옥과 고문에 피 흘리는 현장 피해
이 나라 저 나라 떠돌이로 돌아와선
예술과 장난을 혼동하는 궤변에서
영혼을 울리는 예술성을 기대하랴

음악 같은 사람

음악이 다양한 만큼
사람도 가지각색이라고
그렇게 생각하면
마음이 편하게 되는가

음악 곡조가 바뀌는 만큼
사람의 감정도 변화한다고
그렇게 인정하면
마음이 편하게 되는가

음악이 우리를 슬프게 할 때처럼
우리를 슬프게 하는 사람들도 있다고
그렇게 생각을 하면
마음이 편하게 되는가

음악이 우리를 즐겁게 할 때처럼

우리를 즐겁게 하는 사람들도 있다고

그렇게 생각을 하면

마음이 편하게 되는가

추상화와 감동

철학적 내용을
소설로 표현하려면
상상력으로 추상화해야 한다

소설의 내용을
시로 표현하려면
상징적으로 추상화해야 한다

시의 내용을
음악으로 표현하려면
곡조로 추상화해야 한다

철학보다는 더욱
추상적으로 상상적인
소설이 더 감동적이다

소설보다는 더욱

추상적으로 상징적인

시가 더 감동적이다

시보다는 더욱

추상적으로 운율적인

음악이 더 감동적이다

가우디

'가우디' 라는 이름은
바르셀로나의 '성가족 성당' 만큼이나
깊고 신비스러운 의미를
상징적으로 표현해 준다
성가족 성당은 지금도 완성되어 가는
미완성의 건축 작품이다
성부 성자 성신을 상징하는 건축물이
건축가 한 사람의 작품으로
완성될 수 없다는 생각이었겠지만
더 심오한 의미로 남아 있게 된 것은
성부 성자 성신으로 이루어지는
역사의 창조 그 자체가
완성되어 가는 미완성의 과정이라는 것
완성된 인간적 창작물로써는
상징될 수 없는 하느님의 역사라는 것을

'가우디' 라는 이름과 함께
'성가족 성당' 이 역설해 준다
하느님은 위대한 건축가이시고
하느님의 건축은 창조되는 역사이다
'가우디' 라는 이름은
하느님의 역사에 참여하는 인간의 창작 행위가
제각기 완성을 고집하지 않으면서
성부 성자 성신의 역사처럼
미완성의 과정일 것을 가르쳐 준다

기술과 미술

기술이 사람을 교만하게 만든다
기술이 사람을 간사하게 만든다
기술이 사람을 잔인하게 만든다
기술이 사람을 경솔하게 만든다
기술이 사람을 차별하게 만든다
기술이 사람을 비정하게 만든다
기술이 사람을 불편하게 만든다
기술이 사람을 불안하게 만든다
기술이 사람을 혼동하게 만든다
기술이 사람을 분쟁하게 만든다
기술이 사람을 궁핍하게 만든다
기술이 사람을 불행하게 만든다

미술은 사람을 겸손하게 해준다
미술은 사람을 정직하게 해준다

미술은 사람을 온화하게 해준다

미술은 사람을 신중하게 해준다

미술은 사람을 공평하게 해준다

미술은 사람을 친근하게 해준다

미술은 사람을 편안하게 해준다

미술은 사람을 승화하게 해준다

미술은 사람을 감동하게 해준다

미술은 사람을 화목하게 해준다

미술은 사람을 충만하게 해준다

미술은 사람을 행복하게 해준다

예술 작품

예술가에게는 자신의 생애가
최고의 예술 작품이라고 한다
수도자의 생애도 예술 작품이 될 수 있고
철학자의 생애도 예술 작품이 될 수 있다
작품의 예술성이 의미하듯
순수성이 지켜지는 삶이어야 한다
창조성이 지향되는 과정이어야 한다
영감으로 승화되는 작품이어야 한다

예술가는 아니어도

예술가는 아니어도
예술가처럼 살다가
아름다움으로 승화되는
작품처럼 끝내리라

철학적 운문

펴낸날 1판 1쇄 2006년 1월 25일 | **지은이** 소흥렬 | **펴낸이** 김용숙
펴낸곳 이화여자대학교출판부 | **등록** 1954년 7월 6일 제9-61호
주소 서울특별시 서대문구 대현동 11-1(우 120-750)
전화 02-3277-3163, 3242(편집부), 02-3277-3164, 362-6076(영업부)
팩스 02-312-4312 | **e-mail** press@ewha.ac.kr | **홈페이지** www.ewhapress.com
편집 책임 정경임 | **디자인** 정경숙 | **찍은곳** 한영문화사

ISBN 89-7300-670-3 03100

값 9,000원

* 잘못된 책은 바꾸어 드립니다.